付録

祈っても実現しません

誰も書かなかった太平洋戦争の真相

中村 治

かまくら春秋社

今の繁栄は戦没者の尊い犠牲の為か

今の繁栄は戦没者の尊い犠牲の為か

―誰も書かなかった太平洋戦争の真相―

はじめに

終戦間近（一九四五年八月）までは日本は侵略されていなかったので、殆どの戦没者は外国から日本を守る為に戦って死んだのではありません。上からの命令で日本から遥か遠い太平洋やアジアの国々を攻撃して、反撃されて亡くなったのが戦没者です。

アジア人二〇〇〇万人、日本人三一〇万人が犠牲となったあの戦争の悲劇を繰り返さない為に、戦争放棄の平和憲法がつくられ、長い間、戦争がなく、日本に平和と繁栄がもたらされたのです。「今の日本の平和と繁栄の礎となった戦没者の尊い犠牲に……」（註Ⓐ）と二〇二一年八月十五日に厚生労働省の新聞広告が載りました。

あるいは終戦記念日などに「戦没者の尊い犠牲の上に今の日本の平和と繁栄がある」（註Ⓑ）というような話を聴くことが時にあります。

ここで正しくは「上に」ではなく、「上にもかかわらず」とすべきでしょう。

なぜなら、戦争など起こらず、数百万人という戦没、戦傷者が亡くなることなく健在であったなら、もっともっと日本の平和と繁栄に貢献したのではないでしょうか。

以上のようなことから本書は表題のように致しました。

この小文を戦没者のご遺族の方々に読んでいただきたいのです。

また、先の太平洋戦争のことをよくは知らないと思われる中学、高校生の十代や二十代、三十代の人達にも読んで欲しいです。尚、本文の中で使われている若い方にはあまり耳慣れない用語は、必要に応じて辞典より引用します。

出陣学徒壮行会　戦局が悪化すると多くの学生が戦地へ送られました
（1943年10月21日）

凡例

写真や図版はできる限り関連する文章の近くに置きましたが、頁の構成上、本文から離れる場合があります。

折々に当時の国民の生活を伝える写真を掲載しています。

目次

三章　殆どの戦没者は日本を守る為に
犠牲になったのではありません

付録　願い事は
お祈りしても実現しません

装丁／中村　聡
カバーイラスト／マツオアキコ

一章　殆どの戦没者は日本を守る為に死んだのではありません

特攻とは

特攻（体当たり攻撃をすること『大辞泉』）とは特別攻撃の略です。

『ニッポニカ』には「生還を期さない体当たり自爆攻撃が採用された。しかし人間性を無視した命令であると批判もあった。第二次世界大戦末期に行われた体当たり自爆攻撃のこと。そして特攻攻撃は悪化する戦局に対する軍上層部の焦慮感と、兵士の人命を軽視する思想が生みだした特異な戦法である。特攻への参加は基本的に各自の志願によるものとされていたが、実際は様々な形での強制が働いた場面も少なくなかった」とあります。

1945年4月11日、アメリカ海軍の戦艦ミズーリに突入直前の神風特別攻撃隊第5建武隊の零式艦上戦闘機

船と飛行機による特攻

一九四一年十二月八日に日本が米国ハワイの真珠湾（パール・ハーバー）を攻撃して約四年続く太平洋戦争が始まりました。その時、特殊潜航艇で特攻攻撃をした作戦もありました。艇は二人乗りで五艇十人が攻撃に参加。うち九人は戦死しましたが一人は捕虜になりました。死亡した九人は軍神と祀られましたが、捕虜になった一人は不名誉とされ存在が抹殺されました。

二〇二一年十二月八日、特殊潜航艇の訓練場があった愛媛県伊方町に真珠湾攻撃に参加した十人がはじめて揃った写真入りの石碑が建てられました。

この日、初めて日の目を見た、捕虜になった方のご子息は

「〈特攻の命令に〈編集部註〉〉行かないなんて言えないじゃないですか」とテレビの取材に語っていました。

真珠湾特別攻撃隊の碑（愛媛県伊方町）
写真提供：大塚オーミ陶業株式会社

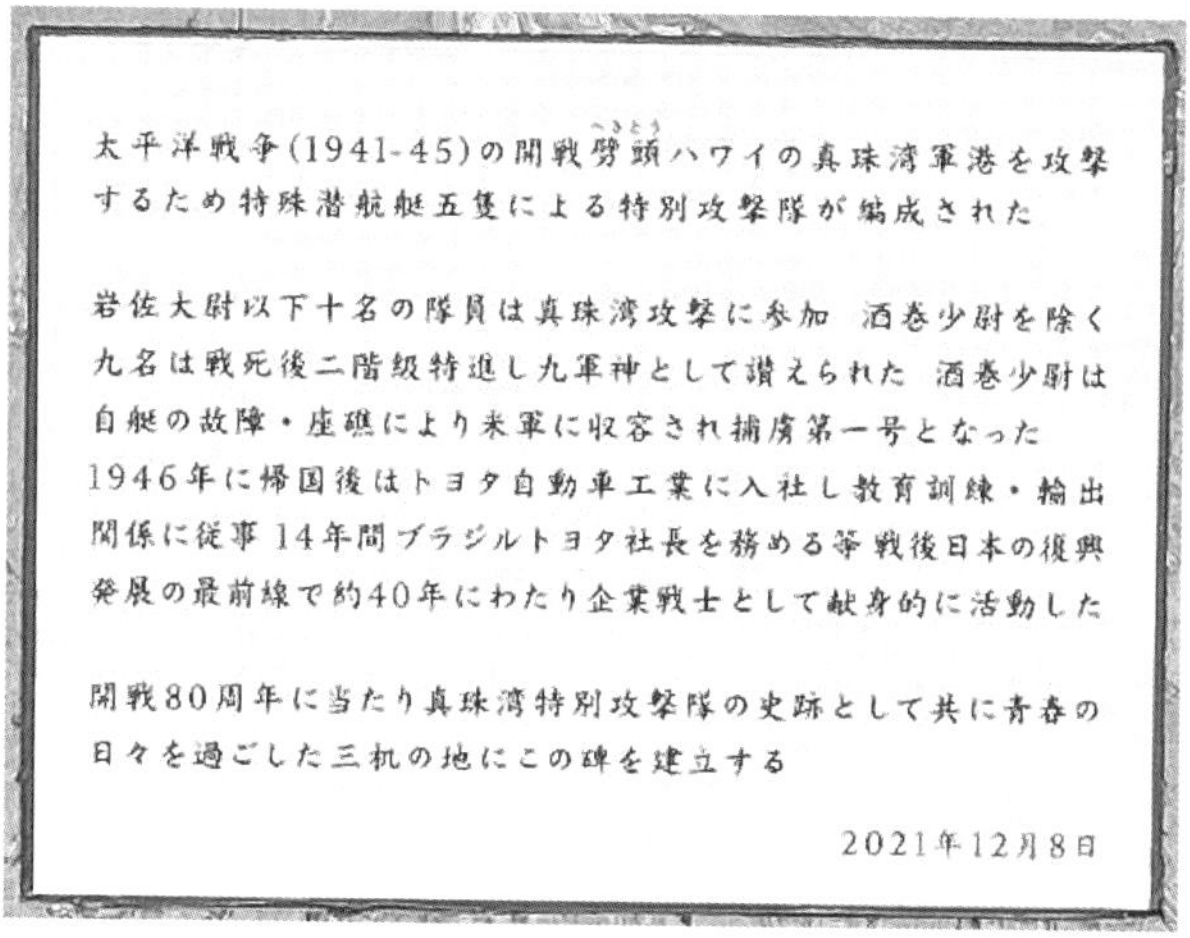

太平洋戦争(1941-45)の開戦劈頭《へきとう》ハワイの真珠湾軍港を攻撃するため特殊潜航艇五隻による特別攻撃隊が編成された

岩佐大尉以下十名の隊員は真珠湾攻撃に参加　酒巻少尉を除く九名は戦死後二階級特進し九軍神として讃えられた　酒巻少尉は自艇の故障・座礁により米軍に収容され捕虜第一号となった
1946年に帰国後はトヨタ自動車工業に入社し教育訓練・輸出関係に従事14年間ブラジルトヨタ社長を務める等戦後日本の復興発展の最前線で約40年にわたり企業戦士として献身的に活動した

開戦80周年に当たり真珠湾特別攻撃隊の史跡として共に青春の日々を過ごした三机の地にこの碑を建立する

2021年12月8日

神風特攻隊

一九四四年十月二十日に第一航空艦隊司令長官大西瀧治郎中将が提案し、二十日に最初の海軍の神風特別攻撃隊が編成されました。十月二十一日から二十四機が出撃しましたが、悪天候で帰還しました。二十五日、関行男大尉を指揮官とする六機がフィリピンのレイテ湾のアメリカ軍の艦隊に突入したのが特攻の最初の戦果です。

一九四五年八月の終戦までに約二四〇〇機が出撃し、二五二〇人が戦死しました。

この他、陸軍航空特別攻撃隊も出撃し、一三八八人が戦死しています。特攻で合計三九〇八人が戦死しました（『ニッポニ

真珠湾攻撃

Naval Historical Center photo NH 86118

カ・ブリタニカ』)。

「特攻の命中率は初期は普通爆撃より優れるが、この種の攻撃は人間性を無視した統帥(軍隊を統率し指導すること。[統率]は多くの人をまとめひきいること『大辞泉』)の邪道であると批判されている(『ニッポニカ・ブリタニカ』)」

特攻作戦を立案し、計画や作戦を決定し、実行を指示した軍上層部は、多くの未来ある純粋な若者達を絶望的な死へ追いやったのです。沖縄海域でも特攻作戦で多くの若者達が亡くなりました。

知覧は鹿児島県南西部にあり、第二次世界大戦中は特攻隊の出撃基地であり、基地跡には特攻平和観音が祀られています。

特攻隊員は出撃の前に家に帰ることを許されましたが、ある隊員の場合、家族には特攻出撃を告げずに黙ったまま泊まりま

一式陸攻から切り離される桜花

武装解除される桜花モデル11

した。翌朝妹さんが起こしに行くと「兄は布団の中で泣いていた」と、二〇二一年十二月十二日のテレビで妹さんは証言しています。

爆弾を積んで敵艦に体当たりして爆死する特攻攻撃には、「零式戦闘機」通称「零戦」や「桜花」が使われました。特攻を立案したある陸軍軍人は、終戦後二十数年経った頃に元気な声で「特攻は効率があった」と語ったと、二〇二一年十二月十二日のテレビで伝えています。

地球より重いと言われる人間の命の死を、効率と表現するのは何と不遜なことであるのでしょうか。

沖縄海域などの特攻作戦で、約三〇〇〇名の若者達が亡くなりました。軍上層部の中には自分達は日本の安全な場所にいて、何百万人の兵隊達を海外へ軍用機や軍艦などで送り、日本を殆

人間魚雷「回天」（伊361）
資料提供：大和ミュージアム

ど侵略していない遠い他国を攻撃させ、その結果、多数の人が亡くなったのです。

兵隊となった多くの人達は自らの自由意志で海外の国を攻撃したのではないのです。応じなければ罰せられる臨時召集令状（通称、赤紙）で軍隊に召集され、海外へ送られたのです。又、志願兵だったとしても、軍の作戦や命令がなければ、遠い海外へ行くことも戦闘を行うこともなかったのです。

「一九四五年四月に片道分だけの燃料を積んで沖縄海域へ出撃した戦艦『大和』は四五年四月七日に沖縄近海でアメリカ軍により撃沈された。乗員三三三二人のうち生存者は僅か二七六人であった。これは人間魚雷『回天』などを含めて海上特攻といわれている（『ニッポニカ』）」

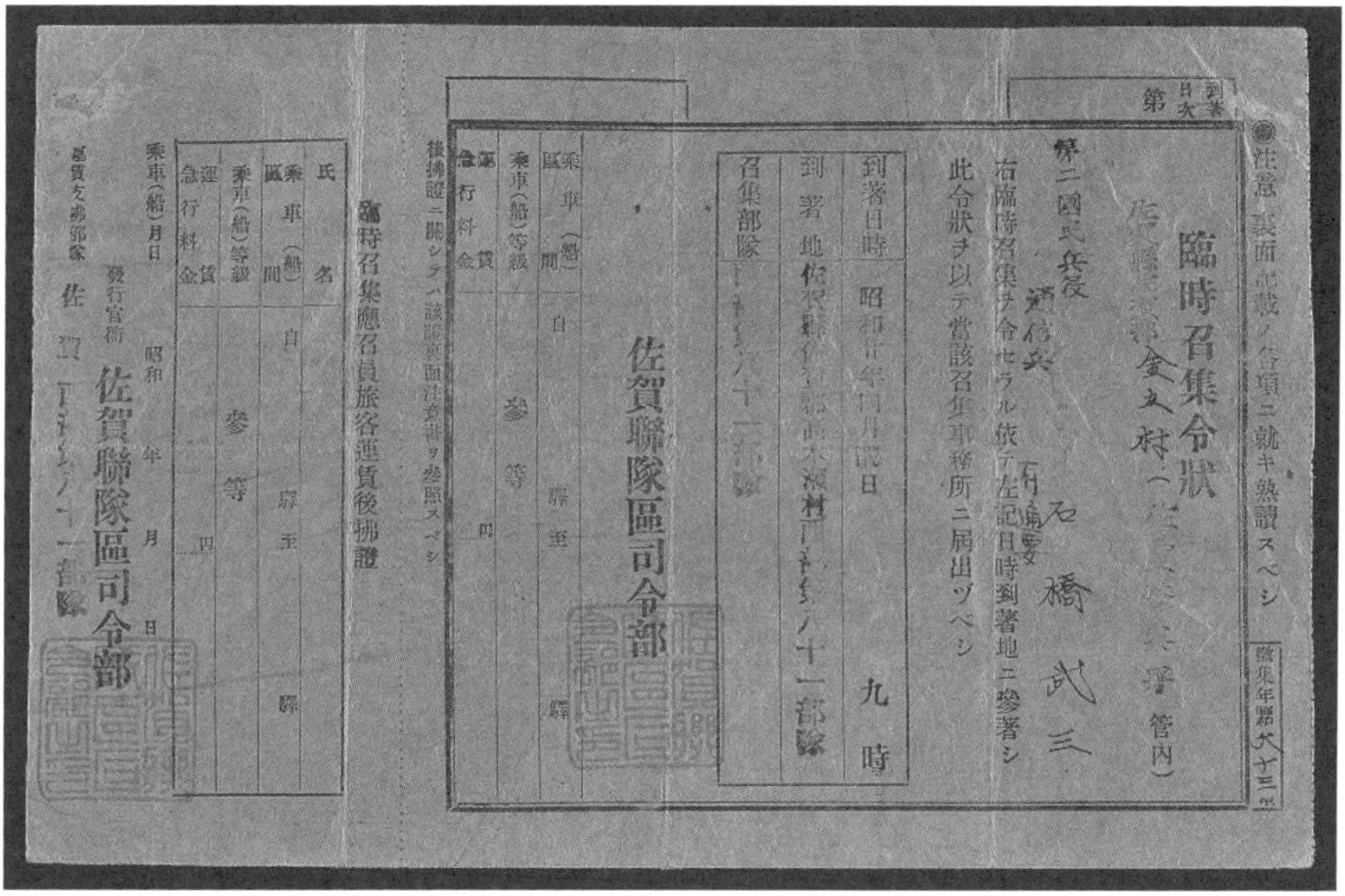

臨時召集令状（赤紙）

平和祈念展示資料館ホームページ
（https://www.db.heiwakinen.go.jp/museweb/detail?cls=shiryou&pkey=S000314）

出撃する第20振武隊穴澤利夫少尉とそれを見送る知覧高等女学校生徒

米軍に収容された震洋一型艇

二章　日本は終戦間近までは侵略されていなかったのです

日本は何の為に戦ったのでしょうか

日本は終戦間近までは侵略されていませんでした。果たしてこの多くの戦没者は日本を守る為に犠牲になったと言えるのでしょうか。何の為に命を捧げたのでしょうか。何百万人という人達が何の為に犠牲になったのでしょうか。

二〇二三年三月十五日の新聞に漫画家の故松本零士氏の言葉が紹介されました。「日本人は国や家族のために戦った」とあります。多くの日本人はきっとそう思い込んでいたのではないでしょうか。

いったい遥か遠い太平洋のアッツ島やラバウル、ニューギニアなどの人達が日本を侵略したでしょうか。日本人は外国の侵略から国を守る為に戦ったのではありません。
では何の為に戦ったのでしょうか。

広島に投下された原爆のキノコ雲。下に見えるのは
広島市街、その左奥は広島湾

広島県産業奨励館（原爆ドーム）と爆心地付近
所蔵・提供／広島平和記念資料館　撮影／米軍

豊後水道の宿毛湾沖合付近を公試航行中の大和（1941年10月20日）
Naval Historical Center photo NH 73092
「大和」は世界最大、重装な戦艦だった。しかし、その主砲の役目を果たすことなく
1945年４月、沖縄特攻作戦の途上、アメリカの艦載機の攻撃にあい沈没した

三章　殆どの戦没者は日本を守る為に犠牲になったのではありません

言葉を改めてチェックする

冒頭で厚生労働省が二〇二一年八月十五日に新聞へ掲載した文章を紹介しました。「今の日本の平和と繁栄の礎となった戦没者の尊い犠牲に……」という文章です。ここで使われている言葉を改めてチェックする必要があります。

〈尊いとは〉

「①立派であるいは美しく近寄り難い。崇高である。神々しい。②大事にすべきである。うやまい重んずべきである。「――命」「――犠牲者」

注、尊敬の感じがこもる場合に①②のように使う事が多い」

と『広辞苑』にあります。

終戦の「玉音放送」を聞き、皇居前で土下座をする人々（1945年8月15日）

〈犠牲とは〉

次に「犠牲」についてです。『広辞苑』には犠牲者とは

「①いけにえ

②身命を捧げて他の為に尽くすこと。ある目的を達成する為にそれに伴う損失を顧みない事。「——を払って敵陣を奪取する」「自ら——となって人命を救う」

③自分の意志によらず戦争・天災・事故の巻き添えなどで生命を失ったり傷ついたりすること。「戦争の——者」「交通禍の——となる」とあります。

『大辞泉』は「犠牲をある目的の為に損失となることをいとわず大切なものを捧げること」としています。

さて「戦没者の尊い犠牲」を考えてみると、東京大空襲の場

合の死亡は『広辞苑』のいう「尊い」の意味の①とは合いません。②の大事にすべきがよいのか、それとも、敬い重んずべきであるのがよいのかと考えてみましたが、①②どちらもしっくりしません。大切な命を失った人々は悲惨な犠牲者であるという表現が適切な言葉に思われます。

一方、日本から遥か遠い、日本を終戦間近までは侵略していない他国を、命令により攻撃して、その戦闘中に亡くなった兵隊さんの場合は、①②の尊いの意のどちらも合わないように思えます。

この場合も戦争の悲惨な犠牲者と言い表すのが適切な言葉に思われます。いずれの場合も「尊い」が戦没犠牲者に掛かる言葉としては適当ではないように見えるのです。

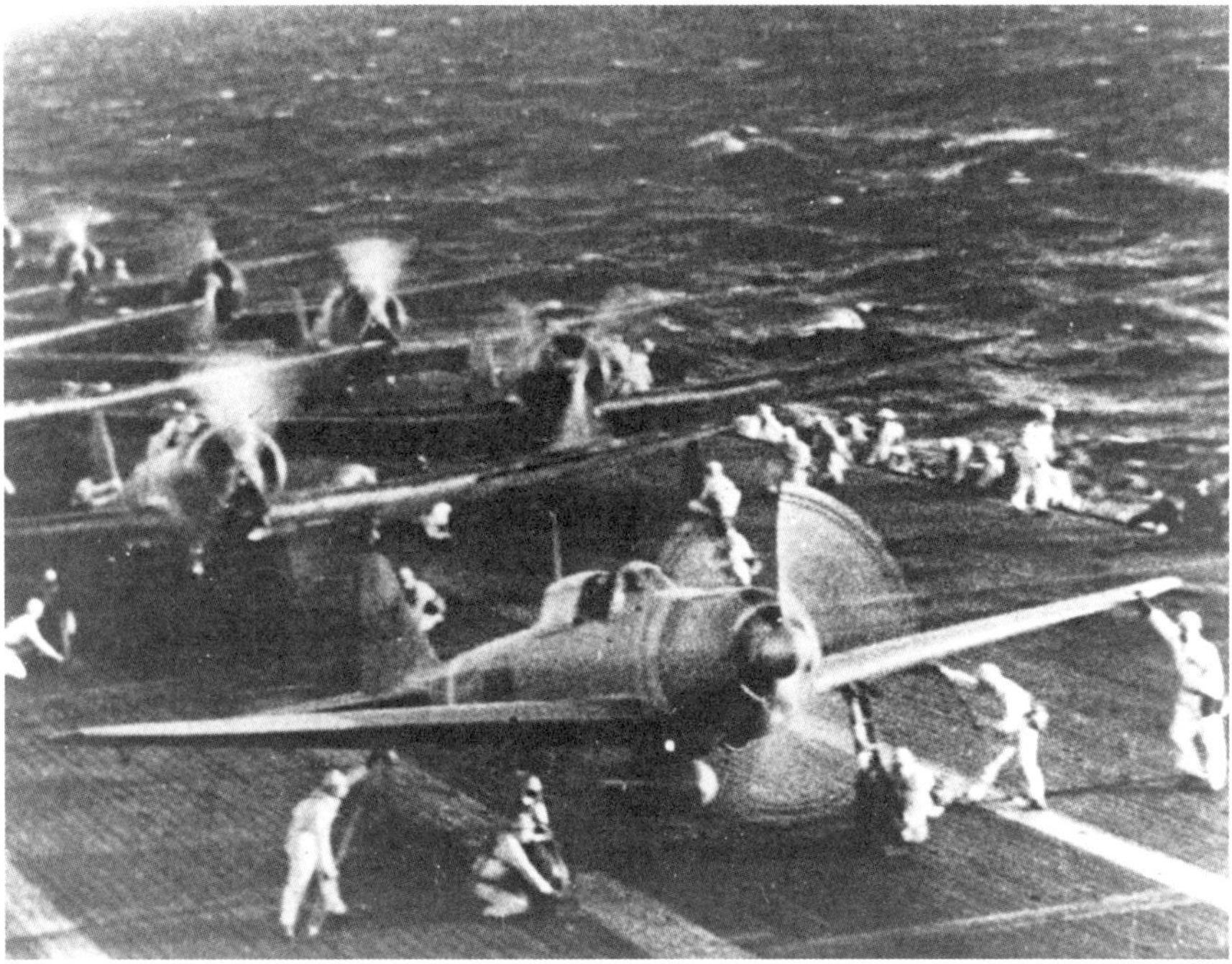

航空母艦 翔鶴から発進準備中の零戦二一型
Naval Historical Center photo 80-G-71198

日本から遠いアジア大陸や太平洋の島々での多くの戦没者が、どうして先に述べた註Ⓐ註Ⓑなのか、納得できるように説明できるでしょうか。

あの悲劇の反省から「平和憲法」ができたと考えるなら分かりますが、それを快く思わないように見える人達が、註Ⓐ註Ⓑと言うことが時にあるように見えます。どうしてそうであるのか説明できないでしょう。皆さんは終戦記念日などに述べられる話は留意しながら聴きましょう。

〈アジアの戦争〉

日本はアジアの国々から侵略されていなかったのに、なぜ三一〇万人もの日本人を犠牲にしなければならなかったのでしょうか。

焦土と化した東京。本所区松坂町、元町（現在の墨田区両国）付近で撮影されたもの。右側にある川は隅田川、手前の丸い屋根の建物は両国国技館

アジア人二〇〇〇万人と日本人三一〇万人があの戦争で亡くなったのです。

この項の終わりに僭越なことですが、もしここに書かれたことがよく理解できないのなら、二度、三度繰り返し読んで欲しいのです。

敬礼して工場に入る女子挺身隊
12歳以上、40歳未満の女子は、工場・農村で勤労奉仕を義務づけられた

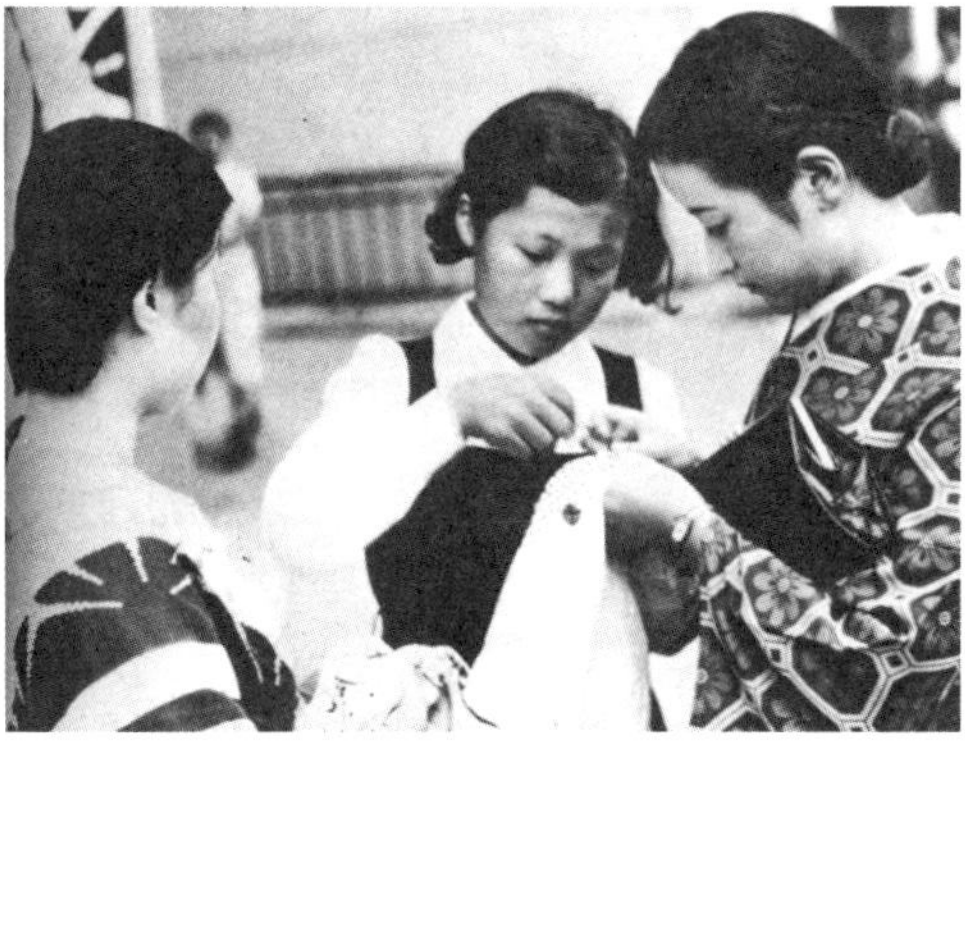

千人針をする様子
布に千人の女性が、戦地にいる兵士の無事を祈り、赤糸で一針ずつ縫い贈った

付記

二〇二二年二月二十一日のテレビドラマの台詞の中に「息子は護国の為に死んだ」（註Ⓙ）とありました。

五木寛之著『捨てない生きかた』（マガジンハウス新書）の一二九ページに元日本兵士の言葉として「何を言っているんだ。おまえたちが銃後でのうのうとしている時に、俺たちは戦地で泥水をすすり、草をはんで戦ってきた。そのおかげで今日があるんだ。えらそうなことを言うな」（註Ⓚ）と書かれています。

註Ⓐ、註Ⓑ、そして註Ⓙ、註Ⓚはおかしいのです。なぜならこれまで説明しましたように「日本は終戦間近までは何ら侵略されていなかった」のですから、兵隊さん達は日本を守る為に戦ったのではないのです。殆どの戦没者は日本を守る為に犠牲になったのではないのです。

時に全国戦没者追悼式で御遺族など参列者が、白い菊の花を捧げて拝む献花の際、よくベートーベンの交響曲第三番「英雄」の一節が流れ、「『英雄』が演奏され献花が行われます」と中継のアナウンサーが言います。

日本を殆ど侵略していない、遥か遠い他国を上からの命令で攻撃し、反撃されて亡くなったのが戦没者です。

戦没者がどうして英雄（「英雄」は文武の才の特にすぐれた人物。実力優越し非凡な事業を成し遂げる人『広辞苑』）とされるのか分かりません。

厚生労働省の広報

次に挙げたのは二〇二二年九月九日の厚生労働省の新聞広告です。

「厚生労働省では戦没者遺骨の身元特定のためのDNA鑑定を実施しています。現在、左記地域の戦没者のご遺族からの申請を受け付けています。　厚生労働省」

（DNA鑑定の対象地域拡大）

遺骨収集地（五十音順）

・硫黄島

・インド

・インドネシア（西部ニューギニア含む）
・沖縄
・樺太・千島（占守島）
・旧ソ連等
旧ソ連、モンゴル
・タイ
・中部太平洋地域
ウエーク島、ギルバート諸島（タラワ）
トラック諸島、パラオ諸島（ペリリュー島など）
マーシャル諸島
マリアナ諸島（グアム島、サイパン島、テニアン島）
メレヨン島
・東部ニューギニア

・ノモンハン
・ビスマーク・ソロモン諸島（ガダルカナル島、ニューブリテン島、ブーゲンビル島など）
・フィリピン
・ミャンマー（ビルマ）
この資料からも、アジア大陸や太平洋の島々の各地でいかに広く戦争が行われていたかが分かります。

また改めて言いますが、日本は終戦間近までは今、示した他国から殆ど侵略されていなかったのです。ですから殆どの戦没者は侵略から日本を守る為に亡くなったのではありません。

派遣団員による遺骨収容作業

厚生労働省ホームページ

(https://www.mhlw.go.jp/stf/seisakunitsuite/bunya/hokabunya/senbotsusha/index.html)

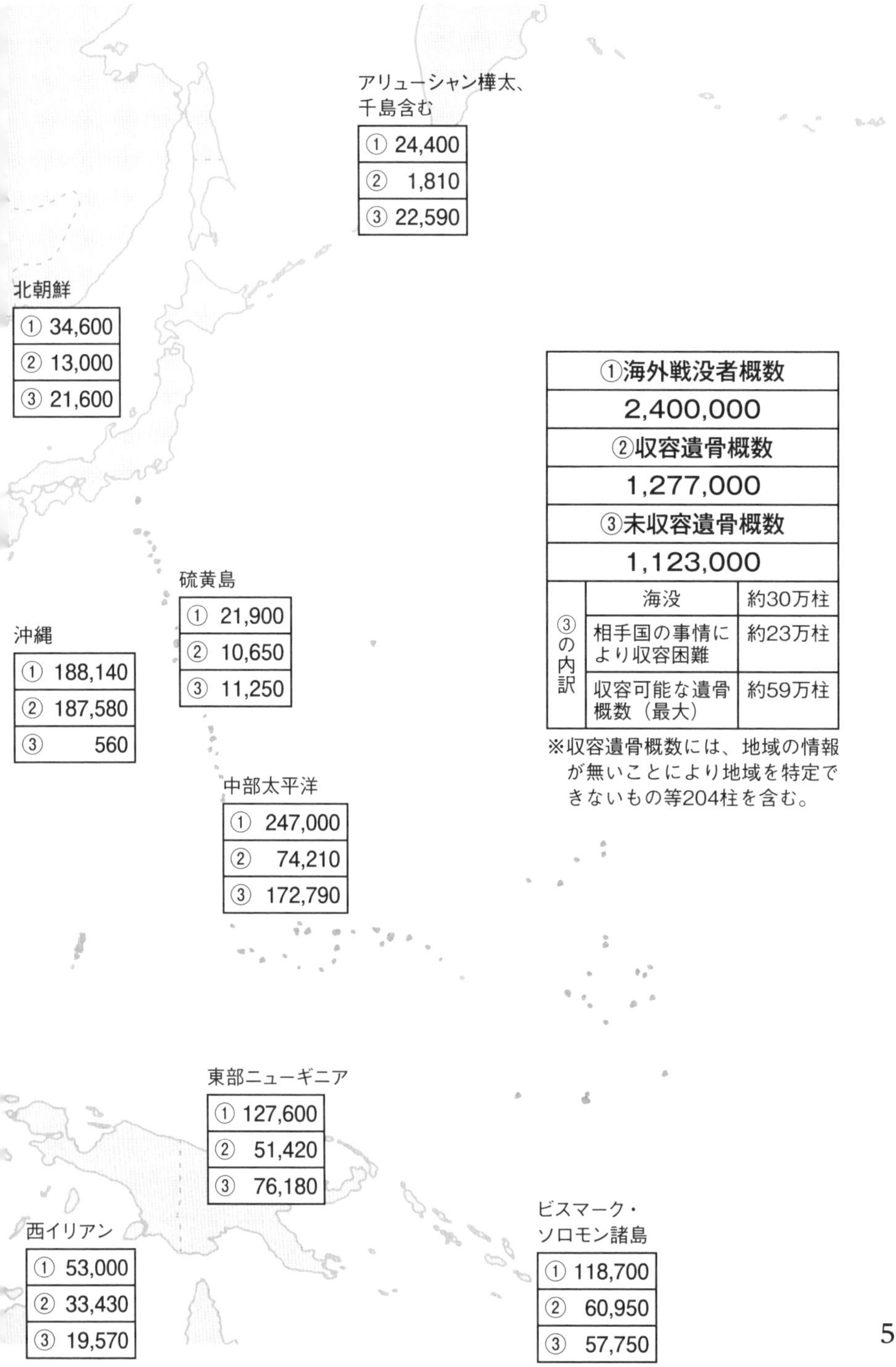

①海外戦没者概数		
2,400,000		
②収容遺骨概数		
1,277,000		
③未収容遺骨概数		
1,123,000		
③の内訳	海没	約30万柱
	相手国の事情により収容困難	約23万柱
	収容可能な遺骨概数（最大）	約59万柱

※収容遺骨概数には、地域の情報が無いことにより地域を特定できないもの等204柱を含む。

地域別戦没者遺骨収容概見図（令和6年1月末現在）

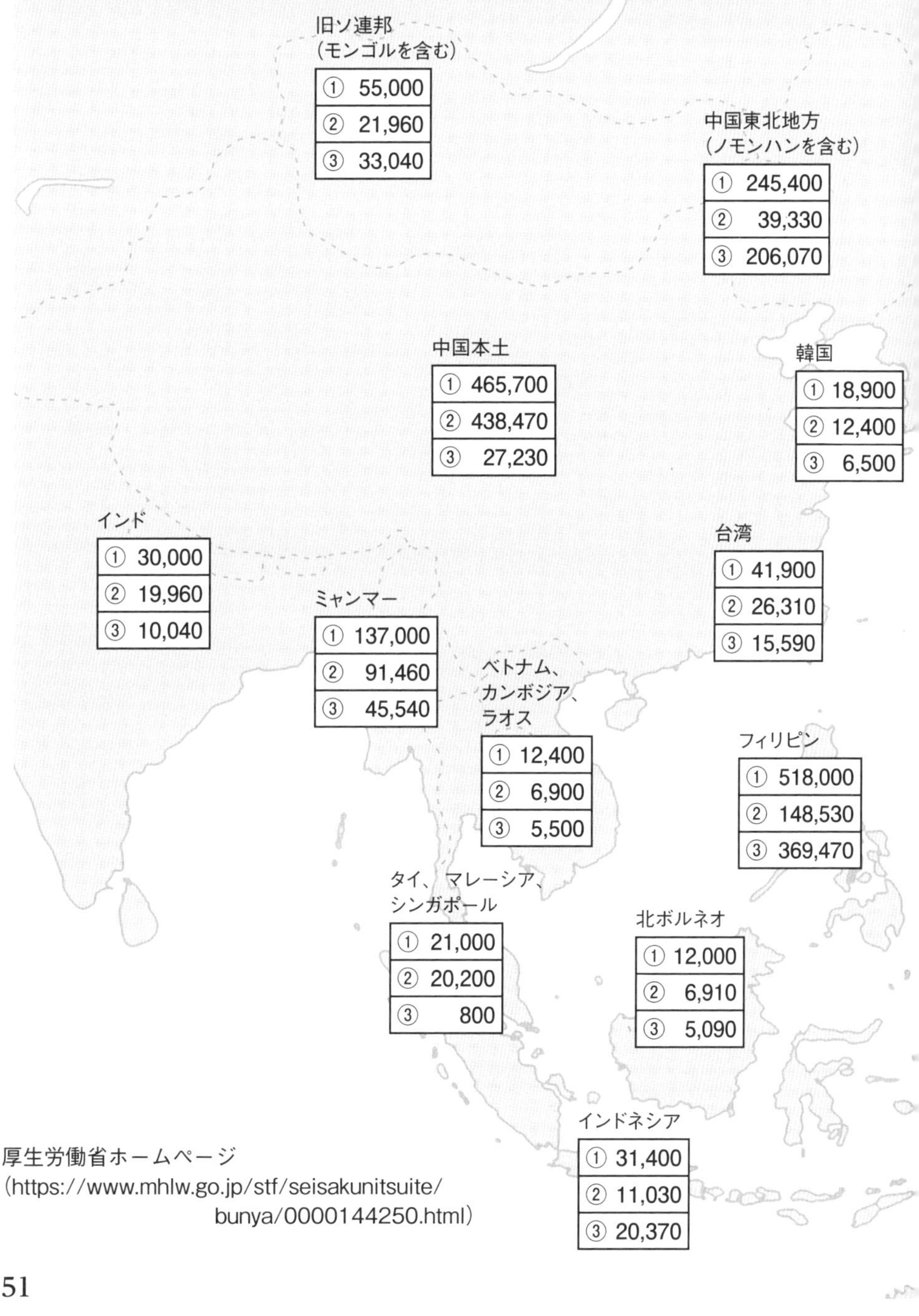

厚生労働省ホームページ
（https://www.mhlw.go.jp/stf/seisakunitsuite/bunya/0000144250.html）

慰霊碑の存在

戦没者慰霊碑が国内外の各地に建てられています。その地域は先の厚生労働省の拡大前の対象地域として行われたものより更に拡大しています（『ニッポニカ』『ブリタニカ』）。

慰霊碑は、次の各地に存在します。

- 硫黄島
- フィリピン
- サイパン島
- ラバウル
- ミャンマー

・ボルネオ
・マーシャル諸島（マジュロ島）
・ペリリュー島
・アッツ島
・ビアク島
・インパール
・ハバロフスク
・サハリン
・ウランバートル

アリューシャン諸島
アッツ
北太平洋戦没者の碑
（S62.7.1）
樺太・千島戦没者
慰霊碑（H8.11.1）
ハバロフスク
日本人死亡者慰霊碑
（H7.7.31）
日本
東京
大阪
小笠原諸島
沖縄諸島
硫黄島
硫黄島戦没者の碑
（S46.3.26）
中部太平洋戦没者の碑
（S49.3.25）
サイパン島
西太平洋戦没者の碑
（S60.3.8）
ペリリュー島
マジェロ
東太平洋戦没者の碑
（S59.3.16）
第二次世界大戦慰霊碑
（H6.3.24）
ニューギニア戦没者の碑
（S56.9.16）
ビアク島
ホーランディア
（ジャプラ）
ギルバート諸島
南太平洋戦没者の碑
（S55.9.30）
ラバウル
ニューギニア
（パプアニューギニア）
ソロモン諸島
ガダルカナル島

（　）内は現在の地名

厚生労働省ホームページ
（https://www.mhlw.go.jp/bunya/engo/seido01/konryujoukyo.html）

戦没者慰霊碑建立状況

慰霊碑の名称	建立地	竣工年月日
硫黄島戦没者の碑	東京都小笠原村硫黄島	昭46・3・26
比島戦没者の碑	フィリピン共和国ラグナ州カリラヤ	昭48・3・28
中部太平洋戦没者の碑	アメリカ合衆国（自治領）北マリアナ諸島サイパン島マッピ	昭49・3・25
南太平洋戦没者の碑	パプアニューギニア独立国東ニューブリテン州ラバウル市	昭55・9・30
ビルマ平和記念碑	ミャンマー連邦共和国ヤンゴン市	昭56・3・28
ニューギニア戦没者の碑	パプアニューギニア独立国東セピック州ウエワク市	昭56・9・16
ボルネオ戦没者の碑	マレーシア　ラブアン市	昭57・9・30
東太平洋戦没者の碑	マーシャル諸島共和国マジュロ島マジュロ	昭59・3・16
西太平洋戦没者の碑	パラオ共和国ペリリュー州ペリリュー島	昭60・3・8
北太平洋戦没者の碑	アメリカ合衆国アラスカ州アッツ島（アリューシャン列島）	昭62・7・1
第二次世界大戦慰霊碑	インドネシア共和国パプア州ビアク島パライ	平6・3・24
インド平和記念碑	インド共和国マニプール州インパール市ロクパチン	平6・3・25
日本人死亡者慰霊碑	ロシア連邦ハバロフスク地方ハバロフスク市	平7・7・31
樺太・千島戦没者慰霊碑	ロシア連邦サハリン州（樺太）スミルヌイフ	平8・11・1
日本人死亡者慰霊碑	モンゴル国ウランバートル市	平13・10・15

ソ連抑留中死亡者の小規模慰霊碑建立状況

地域	建立地	竣工年月
タタールスタン共和国	ロシア連邦タタールスタン共和国エラブガ市	平12・9
クラスノヤルスク地方	ロシア連邦クラスノヤルスク地方クラスノヤルスク市	平12・9
ハカシア共和国	ロシア連邦ハカシア共和国チェルノゴルスク市	平13・9
スベルドロフスク州	ロシア連邦スベルドロフスク州ニージニタギール市	平13・9
ウズベキスタン共和国	ウズベキスタン共和国タシケント市	平15・9
ケメロボ州	ロシア連邦ケメロボ州ケメロボ市	平18・10
ノボシビルスク州	ロシア連邦ノボシビルスク州ノボシビルスク市	平19・12
アルタイ地方	ロシア連邦アルタイ地方ビースク市	平19・12
オレンブルグ州	ロシア連邦オレンブルグ州オレンブルグ市	平20・9
ジョージア	ジョージア　トビリシ市	平22・3
沿海地方	ロシア連邦沿海地方アルチョム市	平22・11
アムール州	ロシア連邦アムール州ベロゴルスク地区ワシリエフカ村	平24・11
ザバイカル地方	ロシア連邦ザバイカル地方チタ市	平25・7
タンボフ州	ロシア連邦タンボフ州ノーヴァヤ・リャダ町	平29・3
イルクーツク州	ロシア連邦イルクーツク州イルクーツク市	平29・8

日本人死亡者慰霊碑（ロシア・ハバロフスク市）
厚生労働省ホームページ
（https://www.mhlw.go.jp/bunya/engo/seido01/ireihi13.html）

日本人抑留死亡者慰霊碑（ロシア・アルチョム市）
外務省ホームページ
（https://www.vladivostok.ru.emb-japan.go.jp/itpr_ja/
11_000001_00370.html）

付録　願い事は
お祈りしても実現しません

願い事のお祈りで物事は実現しません

願い事を祈ることだけで何か効果があるのでしょうか。否、気分的な気休めになるくらいで、実際はあまり意味がないのです。多くの例を示して説明します。

天変地異（大地震、大津波、台風など）の大自然の営みや物事の正邪に対して、私達はあまり力がないように見えます。

具体的に例を挙げてみましょう。

阪神・淡路大震災と東日本大震災

阪神・淡路大震災や東日本大震災などでは、それぞれ数千、数万の死傷者が出ました。

犠牲者やその家族や他の人々も日々平穏無事、家内安全などを祈っていたのに、一九九五年一月十七日、二〇一一年三月十一日にそれまでの祈りは何の効果もなく大悲劇が起こりました。つまり祈りの効果はありませんでした。

多くの人が祈ったとしてもその中に死亡家族が出たり、病気になる人が出ます。祈っても実現しないのです。

二〇一八年十二月二十三日、当時の天皇誕生日に子供だった上皇陛下が、疎開先で先の大戦の勝利を祈願したとテレビの特集番組の中でありました。しかしお祈りの効果はなく敗戦となりました。天皇家の子孫の方が祈っても叶いませんでした。

つまり祈っても実現しません。

阪神・淡路大震災

写真提供：（一財）消防防災科学センター
「災害写真データベース」

東日本大震災

上　写真提供：（一財）消防防災科学センター
「災害写真データベース」

下　資料提供：３がつ11にちをわすれないためにセンター
記録：菊田 智

祈るだけでは物事は実現しない

辺り一面をみかんで埋め尽くしてくださいと誰かが祈っても、そうはなりません。

困った人達の為の施設の前に、直ちに百万円を置いてください、と誰かが祈ってもそれが実現する事はありません。

このように奇妙奇天烈な事を誰かが祈ってもそうはならないのです。祈りだけで物事が実現しない事は、世の中がそれなりに平穏無事である事は祈っても実現しない証拠です。

獅子文六の私小説『娘と私』がラジオ、テレビドラマ化されました。

「帝国陸海軍は米英と戦闘状態に入れり」の臨時ニュースを

聞いた文六氏は、勝利祈願をしたそうです。恐らく多くの日本人がそうしたでしょう。でも日本は敗戦国となりました。

前述のような自分勝手な願い事でなく「世界中の人達から直ちに飢餓と貧困をなくしてください」と祈っても、それは実現しません。

もし祈った事が直ちにその通りに実現するとなれば、前にも申し上げましたが、世の中がおかしな事になります。

誰かが奇妙奇天烈な事を祈ったとしても、世の中がおかしくならない事が、祈っても実現しない事の証明になります。

矛盾について

例えば、高校野球で甲子園出場の二チームが対戦するとします。その双方の勝利を祈ったとしましょう。引き分けはないので、どちらかが勝ち、必ずどちらかが負けることになります。しかし祈った事が実現するとすれば、両方が勝つという理屈になります。そんな事は起こりえません。つまり片方のチームの祈りは実現しません。

今、お話した事は中国の故事「矛盾」と全く同じ事です。矛と盾を売る男が「この矛はどんな盾をも突き破ることができる」「この盾はどんな矛も通さず破れることはない」と売っていたので、見ていた人が「じゃ、その矛でその盾を突いたら如何」

と言って、その商人の宣伝文句の偽りを指摘した有名な話と一緒に見えます。つまり、祈っても物事は実現しないのです。

お祈りした事が実現したとしても、その多くの例は、それはお祈りが通じた為ではなく、偶然（たまたま、くじ引き、運）（註Ⓠ）や多くは努力（工夫）（註Ⓡ）によるものです。

1　家内安全―災害の時の逃げ道や避難所、備蓄用品などを考えておくⓇ
　病気にならない為の健康管理、栄養、鍛錬、散歩などⓇ
　診てもらうお医者様の選択Ⓠ

2　商売繁盛―流行にあった業種の選択ⓆⓇ
　客寄せの為の商品選択ⓆⓇ

3　良縁―夫婦円満Ⓡ

どういう人を夫あるいは妻にするのかⓆ

4　入試合格―勉強の努力や工夫Ⓡ

志望校の選択Ⓠ

5　宝くじを当てるⓆ

6　勝負に勝つ―練習の積み重ねや技術を磨くⓇ

弱い相手やチームと試合になるⓆ

付け加えますと、願い事のお祈りは効果がないように見えると申しましたが、親族が重い病にある時や全ての手立てを尽くしても叶わない時など「ああ、お助け下さい」とお祈りするのは、人としての当然の行為だと思います。祈りが実現したとしても偶然そうなっただけなのです。

祈っても実現しないということは、私が初めて言うことだと思います。

広島 原爆ドーム

1945年8月6日、原子爆弾が投下された爆心地近くにあった旧広島県産業奨励館

提供：広島市

長崎 平和祈念像

1945年8月9日、広島に続いて原子爆弾が投下された。
像は郷土出身の彫刻家・北村西望氏の作
©（一社）長崎県観光連盟
長崎県文化観光国際部観光振興課

年表・太平洋戦争の始まりから終結まで

年	日本	世界
一九四一（昭和16）	4・16 野村吉三郎駐米大使、ハル国務長官と日米交渉開始 7・28 日本軍、南部仏印進駐 10・18 東条英機内閣発足 11・26 ハワイ作戦機動部隊出撃 12・1 御前会議で対米英蘭開戦決定 12・8 日本軍、マレー半島上陸。機動部隊、ハワイ真珠湾攻撃。日本、宣戦布告 12・10 マレー沖海戦。グアム島占領 12・12 政府大本営、戦争名称を大東亜戦争と決定 12・16 戦艦「大和」竣工 12・25 香港占領	6・22 独ソ戦始まる 9・7 ロンドン大空襲始まる 12・6 独軍、モスクワ攻略失敗 12・11 独伊、対米宣戦布告
一九四二（昭和17）	1・2 マニラ占領 1・9 学徒勤労動員開始 2・15 シンガポール陥落。昭南島と改称 3・8 ラングーン占領 3・9 ジャワ島のオランダ軍降伏 4・18 米軍機、日本本土へ初空襲	

	5・9 金属回収令により寺院の梵鐘など供出 6・5 ミッドウェー海戦。日本海軍大敗 7・12 全国中等学校野球大会中止 8・7 米軍、ガダルカナル島上陸	7・17 スターリングラードの戦い始まる
一九四三（昭和18）	1・13 ジャズの演奏禁止 2・1 ガダルカナル島撤退開始 4・18 山本五十六戦死 5・29 アッツ島の日本軍守備隊玉砕 9・4 上野動物園で空襲に備え猛獣薬殺 10・21 神宮外苑競技場で学徒出陣の壮行会	2・2 スターリングラードの独軍降伏 7・10 米英軍、シチリア島上陸 9・8 イタリア無条件降伏
一九四四（昭和19）	1・19 女子挺身隊結成。14～25歳の未婚女性を軍需工場に徴用 3・8 インパール作戦開始 6・15 米軍、サイパン島上陸 6・16 B29、本土へ初空襲（北九州爆撃） 6・19 マリアナ沖海戦。海軍機動部隊壊滅 7・4 インパール作戦失敗に終わる	6・6 米英軍、ノルマンディー上陸作戦

年	日本	世界
	7・7 サイパン島の日本軍守備隊玉砕。住民死者約一万人 7・18 東条内閣総辞職 8・3 テニヤン島の日本軍守備隊玉砕 8・10 グアム島の日本軍守備隊玉砕 10・20 米軍、レイテ島上陸 10・24 レイテ沖海戦。連合艦隊壊滅 10・25 レイテ沖で神風特攻隊、初めて米艦を攻撃 11・1 満17歳以上の男子、兵役編入 11・13 プロ野球休止 11・24 B29、東京へ初空襲	8・25 連合軍、パリ奪回 10・9 チャーチル・スターリン会談。バルカン半島の勢力範囲取り決め
一九四五（昭和20）	2・19 米軍、硫黄島に上陸 3・9 東京大空襲。（～10日）死者約10万人 3・27 硫黄島の日本軍守備隊玉砕 4・1 米軍、沖縄本島上陸 4・7 戦艦「大和」撃沈される	2・4 米英ソ、ヤルタ会談（～11日） 4・28 ムッソリーニ処刑 4・30 ヒトラー自殺 5・2 ベルリン陥落

6・23	沖縄戦終結
	国民義勇兵役法公布。15〜60歳の男子と17〜40歳の女子を国民義勇戦闘隊に編入
7・26	連合国、ポツダム宣言発表
8・6	広島に原爆投下
8・8	ソ連、対日宣戦布告
8・9	ソ連軍、満州・朝鮮北部・樺太へ侵攻
	長崎に原爆投下
8・14	御前会議でポツダム宣言受諾を決定
8・15	天皇の戦争終結の詔書を放送（玉音放送）。
	鈴木内閣総辞職

5・7	独軍、無条件降伏
7・17	米英ソ、ポツダム会談（〜8・2）

戦争中の世相

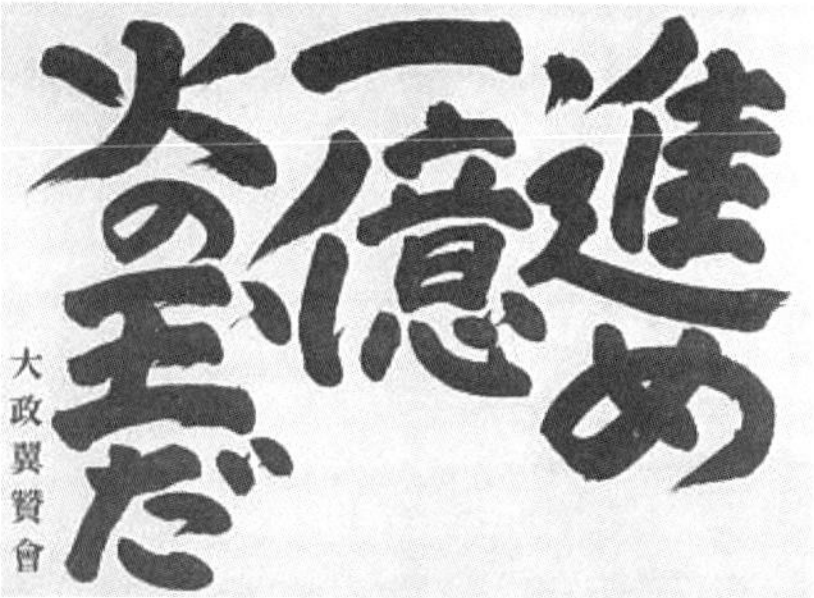

「進め一億火の玉だ」

「ぜいたくは敵だ！」

参考文献

『日本の20世紀館』（一九九九）小学館
笹山晴生ほか『山川 日本史総合図録 増補版』（二〇〇三）山川出版社
伊藤玄二郎『増補版 氷川丸ものがたり』（二〇一六）かまくら春秋社
『大辞泉』（一九九五）小学館
『日本大百科全書（ニッポニカ）』（一九九四）小学館
『広辞苑』岩波書店

戦争中の世相

「電力は戦力！」

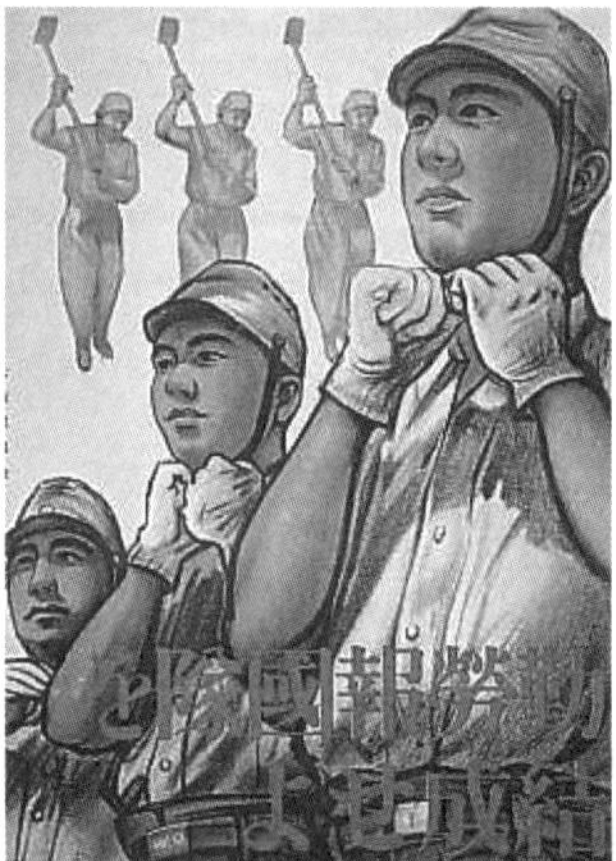

「勤労報国隊を結成せよ」

中村　治（なかむら・おさむ）
戦中生まれ。戦後民主主義教育を受ける。
北海道大学卒。

今の繁栄は戦没者の尊い犠牲の為か
—誰も書かなかった太平洋戦争の真相—

著　者　中村　治
発行人　伊藤玄二郎
発　行　かまくら春秋社 出版事業部
印　刷　ケイアール
2024年7月13日発行

ISBN978-4-7740-0901-8